scuola - sakola	2
viaggio - lalampahan	5
trasporto - transportasi	8
città - kota	10
paesaggio - pamandangan	14
ristorante - restoran	17
supermercato - supermarkét	20
bevande - inuman	22
cibo - dahareun	23
fattoria - pertanian	27
casa - imah	31
soggiorno - rohang tamu	33
cucina - dapur	35
bagno - kamar ibak	38
stanza dei bambini - kamar budak	42
vestiti - acuk	44
uffico - kantor	49
economia - ékonomi	51
professioni - pagawéan	53
attrezzi - alat	56
strumenti musicali - alat musik	57
zoo - kebon binatang	59
sport - olahraga	62
attività - aktivitas	63
famiglia - kulawarga	67
corpo - awak	68
ospedale - rumah sakit	72
emergenza - darurat	76
terra - Bumi	77
orologio - jam	79
settimana - minggu	80
anno - taun	81
forme - bentuk	83
colori - warna-warna	84
contrari - sabalikna	85
numeri - angka-angka	88
lingue - basa-basa	90
chi / cosa / come - saha / naon / kumaha	91
dove - di mana	92

Impressum
Verlag: BABADADA GmbH, Nedderfeld 112 , 22529 Hamburg
Geschäftsführer / Verlagsleitung: Harald Hof
Druck: Books on Demand GmbH, In de Tarpen 42, 22848 Norderstedt

Imprint
Publisher: BABADADA GmbH, Nedderfeld 112 , 22529 Hamburg, Germany
Managing Director / Publishing direction: Harald Hof
Print: Books on Demand GmbH, In de Tarpen 42, 22848 Norderstedt

scuola
sakola

- aula / rohang kelas
- dividere / bagi
- lavagna / papan
- cortile / pakarangan sakola
- insegnante / guru
- carta / kertas
- scrivre / nyerat / nulis
- penna / kalam
- scrivania / méja gawé
- righello / jidar
- libro / buku
- alunni / murit

cartella
tas sakola

portapenne
wadah potlot

matita
potlot

temperino
rautan potlot

gomma
pamupus

blocco da disegno
kertas gambar

2   scuola - sakola

disegno
gambar

pennelli
kuas cét

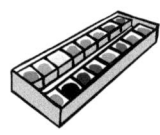
scatola dei colori
kotak cét

forbici
gunting

colla
lém

libro degli esercizi
buku latihan

compiti
péér

numero
angka

addizionare
nambahkeun

sottrarre
kurang

moltiplicare
kali

calcolare
ngitung

lettera
surat

alfabeto
alpabét

parola
kecap

scuola - sakola

testo téks	leggere maca	gesso kapur
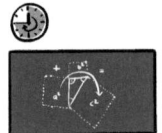		
lezione palajaran	registro daptar	esame ujian

pagella sértipikat	uniforme saragam sakola	istruzione atikan

enciclopedia énsiklopédi	università univérsitas	microscopio mikroskop
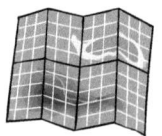		
cartina peta	cestino wadah runtah	

scuola - sakola

viaggio
lalampahan

hotel
hotél

ostello
hostél

uffico di cambio
kantor pertukaran mata uang

valigia
koper

automobile
mobil

Lingua
basa

sì / no
muhun / henteu

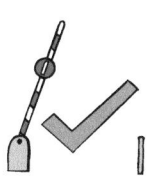

okay
oké

ciao
hei

interprete
panarjamah

Grazie
hatur nuhun

Quanto costa...?
sabaraha hargana...?

Non capisco
abdi teu ngartos

problema
masalah

buona sera
Wilujeng wengi!

Buongiorno!
Wilujeng siang!

Buonanotte!
Wilujeng wengi!

arrivederci
mugi patepang deui

direzione
arah

bagagli
bagasi

borsa
kantong

zaino
ransel

ospite
tamu

camera
rohang

sacco a pelo
kantong saré

tenda
tenda

viaggio - lalampahan

Informazioni	spiaggia	carta di credito
informasi wisata	pantai	kartu krédit

colazione	pranzo	cena
sarapan	dahar beurang	dahar peuting

biglietto	ascensore	francobollo
tikét	lift	perangko

		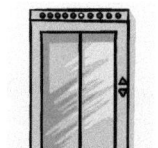
confine	dogana	ambasciata
wates	cukai	kedutaan

visto	passaporto	
visa	paspor	

viaggio - lalampahan

trasporto
transportasi

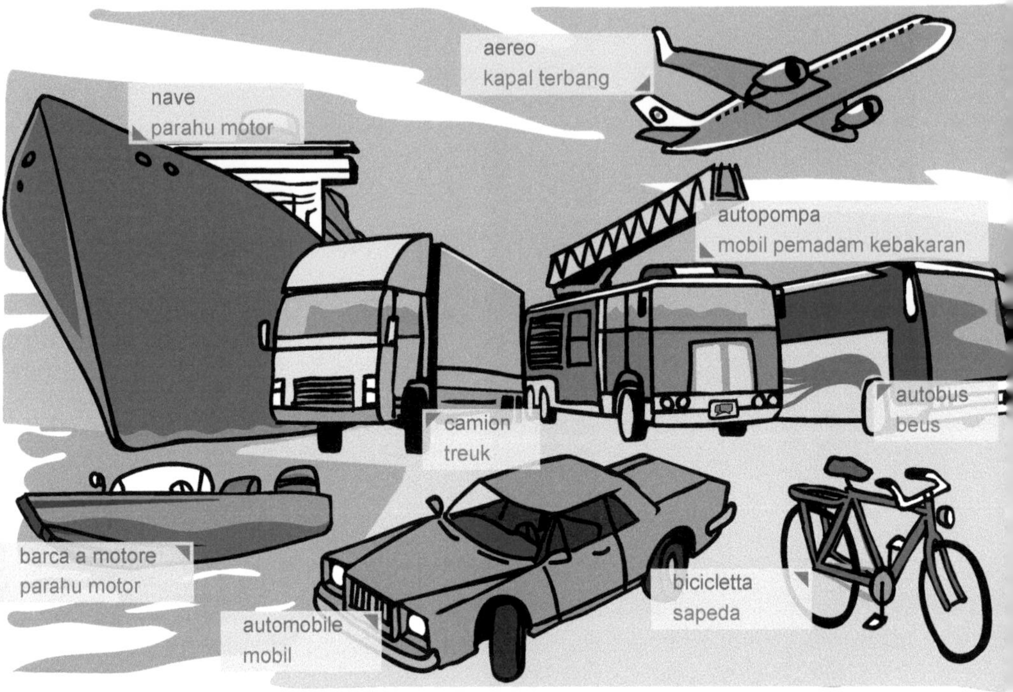

- aereo / kapal terbang
- nave / parahu motor
- autopompa / mobil pemadam kebakaran
- autobus / beus
- camion / treuk
- barca a motore / parahu motor
- automobile / mobil
- bicicletta / sapeda

traghetto
kapal féri

barca
parahu

motocicletta
sapeda motor

auto della polizia
mobil pulisi

auto da corsa
mobil balap

auto a noleggio
mobil nyéwa

 carsharing mobil babarengan	 carro attrezzi treuk dérék	 camion della nettezza urbana treuk runtah
 motore motor	 benzina bahan bakar	 benzinaio bénsin
 cartello stradale tanda lalulintas	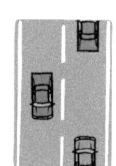 traffico lalulintas	 ingorgo macét
 parcheggio parkir mobil	 stazione stasiun karéta	 binari trék
 treno karéta api	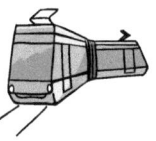 tram tram	 vagone garobag

trasporto - transportasi

| elicottero | aeroporto | torre di controllo |
| hélikopter | bandara | munara |

| passeggero | container | cartone |
| panumpang | konténer | karton |

  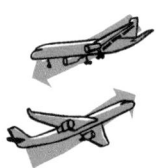

| carretto | cestino | decollare / atterrare |
| troli | karanjang | terbang / landas |

città
kota

| paese | centro | casa |
| kampung | tengah kota | imah |

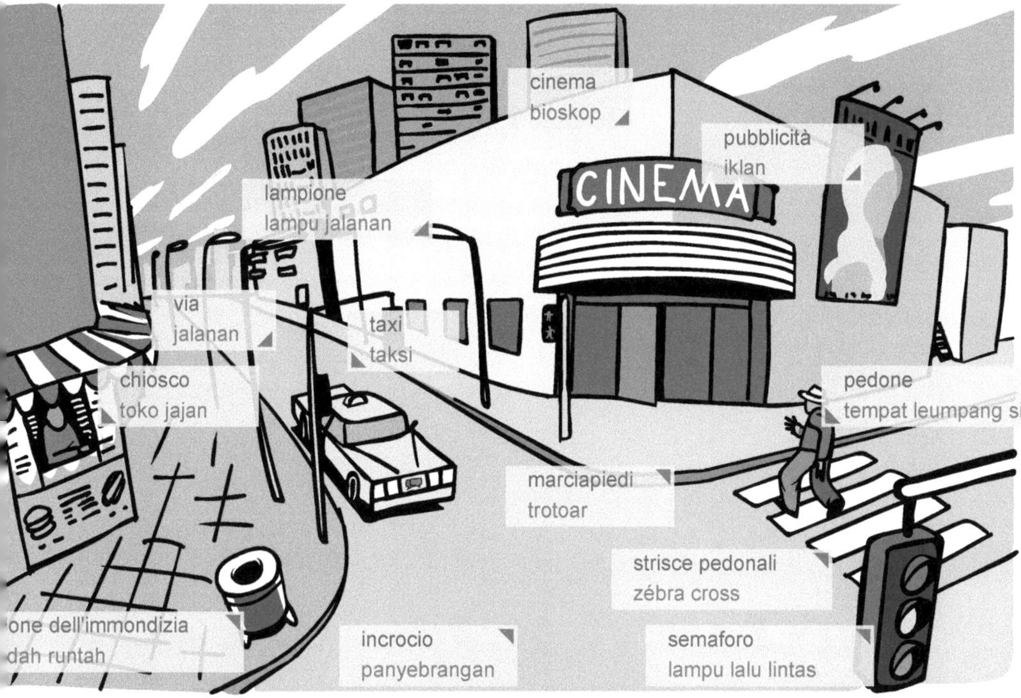

cinema
bioskop

pubblicità
iklan

lampione
lampu jalanan

via
jalanan

taxi
taksi

chiosco
toko jajan

pedone
tempat leumpang si…

marciapiedi
trotoar

strisce pedonali
zébra cross

…one dell'immondizia
…dah runtah

incrocio
panyebrangan

semaforo
lampu lalu lintas

capanna
gubuk

appartamento
imah flat

stazione
stasiun karéta

municipio
balai kota

museo
museum

scuola
sakola

città - kota

università	banca	ospedale
univérsitas	bank	rumah sakit

hotel	farmacia	uffico
hotél	farmasi	kantor

libreria	negozio	fioraio
toko buku	toko	toko kembang

supermercato	mercato	grande magazzino
supermarkét	pasar	swalayan

pescheria	centro commerciale	porto
nalayan	pusat balanja	palabuan

città - kota

parco
kebon

panchina
korsi

ponte
sasak

scale
tangga

metropolitana
kareta bawah tanah

galleria
torowongan

fermata dell'autobus
halte beus

bar
bar

ristorante
restoran

cassetta delle lettere
kotak surat

segnale stradale
tanda jalan

parchimetro
meteran parkir

zoo
kebon binatang

piscina
kolam renang

moschea
masigit

città - kota

fattoria
pertanian

inquinamento
polusi

cimitero
kuburan

chiesa
gareja

parco giochi
tempat ulin

tempio
pura

paesaggio
pamandangan

- foglia / daun
- cartello panunjuk arah
- strada / jalanan
- prato / ladang jukut
- pietra / batu
- escursionista / tukang leumpang
- albero / tangkal
- fiume / susukan
- erba / jukut
- fiore / kembang

paesaggio - pamandangan

 valle / lengkob	 collina / bukit	 lago / tasik
 bosco / leuweung	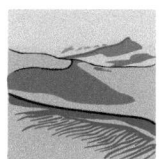 deserto / gurun	 vulcano / gunung marapi
 castello / karaton	 arcobaleno / katumbiri	 fungo / suung
 palma / tangkal palem	 zanzara / reungit	 mosca / laleur
 formica / sireum	 ape / nyiruan	 ragno / lamat lancah

paesaggio - pamandangan

coleottero
nyiruan

rana
bangkong

scoiattolo
bajing

riccio
landak

coniglio
kalinci

civetta
bueuk

uccello
manuk

cigno
soang

cinghiale
bagong

cervo
kijang

alce
kijang

diga di sbarramento
bendungan

turbina eolica
turbin angin

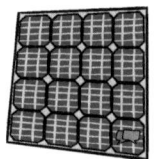
pannello solare
panél surya

clima
iklim

paesaggio - pamandangan

ristorante
restoran

- cameriere / badega
- menù / menu
- sedia / korsi
- zuppa / sop
- pizza / pitsa
- posate / parkakas dahar
- tovaglia / taplak

antipasto
hidangan pembuka

piatto principale
hidapan utama

dessert
hidangan penutup

bevande
inuman

cibo
dahareun

bottiglia
botol

fast food — dahareun cepat saji

cibo di strada — jajanan sisi jalan

teiera — téko téh

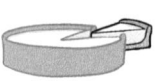

zuccheriera — wadah gula

porzione — porsi

macchina del caffè — mesin éspréso

seggiolone — korsi jangkung

fattura — tagihan

vassoio — baki

coltello — péso

forchetta — garpu

cucchiaio — séndok

cucchiaino da tè — séndok téh

tovagliolo — serbét

bicchiere — gelas

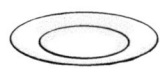
piatto
piring

piatto fondo
mangkok sop

piattino
pisin

salsa
saos

saliera
wadah uyah

macinino da pepe
panggiling pedes

aceto
cuka

olio
minyak

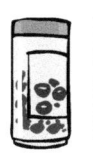
spezie
bumbu

ketch up
saos tomat

senape
mustard

maionese
mayonés

ristorante - restoran

supermercato
supermarkét

offerta
tawaran husus

cliente
klién

latticini
produk susu

frutta
buah

carrello della spesa
troli

macelleria
tukang meuncit

panetteria
toko roti

pesare
nimbang

verdura
sayur

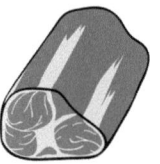

carne
daging

surgelati
tuangeun beku

supermercato - supermarkét

affettato
alat potong daging

conserve
dahareun kaléng

detersivo
sabun serbuk

dolciumi
permén

casalinghi
perkakas rumah tangga

detersivo
produk pembersih

commessa
tukang jualan

cassa
kasa

cassiere
kasir

lista della spesa
daftar balanja

orari d'apertura
jam buka

portafoglio
dompét

carta di credito
kartu krédit

sacchetto
kantong

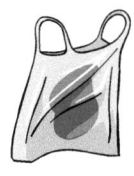
sacchetto di plastica
kantong palastik

supermercato - supermarkét

bevande
inuman

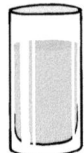
acqua
cai

succo di frutta
jus

latte
susu

coca-cola
kola

vino
anggur

birra
arak

alcol
arak

cacao
coklat

tè
téh

caffè
kopi

espresso
éspréso

cappuccino
kapucino

cibo
dahareun

banana
pisang

mela
apel

arancio
jeruk

melone
samangka

limone
lémon

carota
wortel

aglio
bawang bodas

bambù
awi

cipolla
bawang bombai

fungo
suung

noci
suuk

pasta
emih

| spaghetti | riso | insalata |
| spagéti | sangu | salat |

| patatine fritte | patatine fritte | pizza |
| kentang goréng | kentang goréng | pitsa |

| hamburger | sandwich | cotoletta |
| hamburger | roti lapis | sakeureut daging |

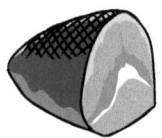

| prosciutto | salame | salsiccia |
| ham | salami | sosis |

| pollo | arrosto | pesce |
| hayam | ngagoreng | lauk |

fiocchi di avena
bubur gandum

muesli
séréal

corn flakes
cornflakes

farina
tarigu

croissant
croissant

panino
roti

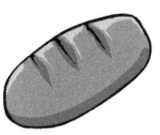
pane
roti

toast
roti panggang

biscotti
biskuit

burro
mantéga

quark
dadih

torta
kuéh

uovo
endog

uovo al tegamino
goréng endog

formaggio
keju

cibo - dahareun

gelato
eskrim

zucchero
gula

miele
madu

marmellata
selé

crema gianduia
krim coklat

curry
karé

cibo - dahareun

fattoria
pertanian

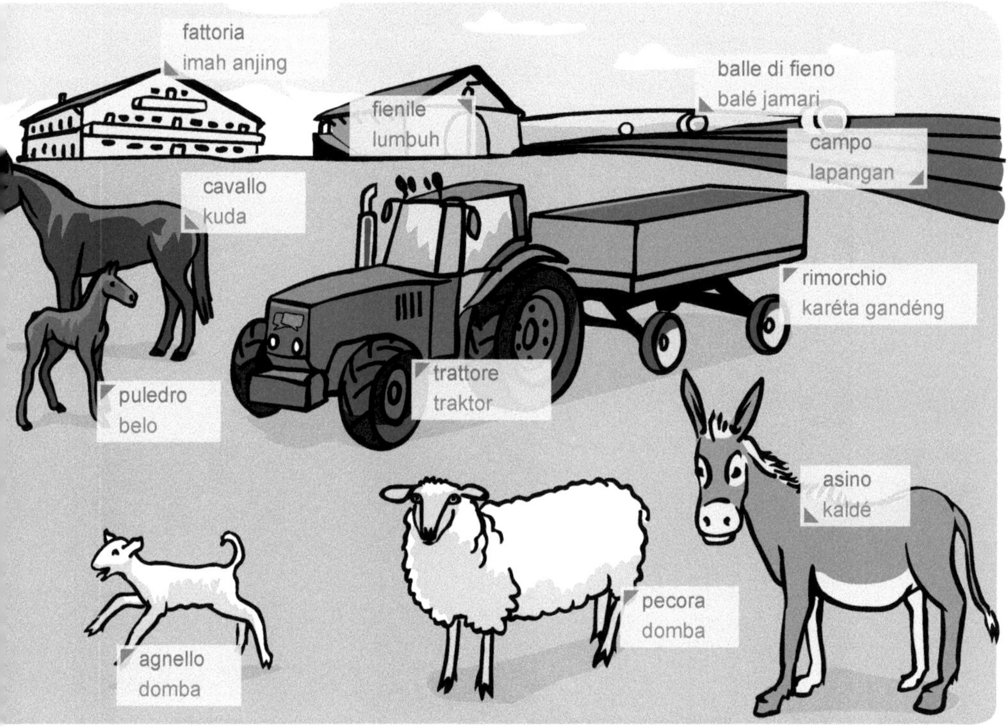

fattoria
imah anjing

fienile
lumbuh

balle di fieno
balé jamari

campo
lapangan

cavallo
kuda

rimorchio
karéta gandéng

puledro
belo

trattore
traktor

asino
kaldé

agnello
domba

pecora
domba

capra
embé

mucca
sapi

vitello
bitis

maiale
bagong

porcellino
babi

toro
banténg

oca
soang

anatra
éntog

pulcino
pitik

gallina
hayam

gallo
hayam jago

ratto
beurit

gatto
ucing

topo
beurit

bue
sapi

cane
anjing

cuccia
imah anjing

tubo d'irrigazione
selang

annaffiatoio
kaléng nyiram

falce
arit panjang

aratro
ngabajak

fattoria - pertanian

falce
arit

zappa
pacul

forcone
garpuh jukut

accetta
kapak

cariola
gorobah

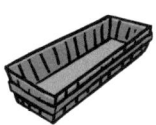
trogolo
palung

contenitore del latte
kaléng susu

sacco
karung

recinto
pager

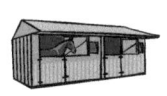
stalla
kandang

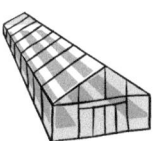
serra
imah kaca

terreno
taneuh

semina
benih

fertilizzante
pupuk

trebbiatrice
mesin permén

raccogliere
panén

raccolto
panén

igname
yams

frumento
gandum

soia
kedelé

patate
kentang

mais
jagong

colza
lobak

albero da frutta
tangkal buah

manioca
sampeu

cereali
séréal

fattoria - pertanian

casa
imah

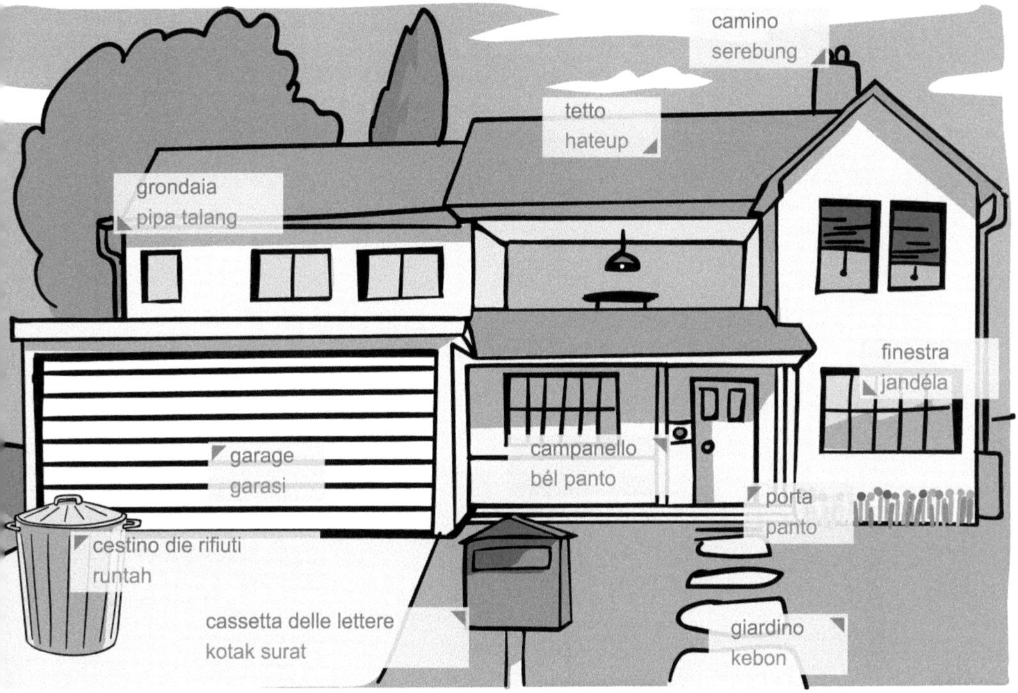

camino
serebung

tetto
hateup

grondaia
pipa talang

garage
garasi

campanello
bél panto

finestra
jandéla

porta
panto

cestino die rifiuti
runtah

cassetta delle lettere
kotak surat

giardino
kebon

soggiorno
rohang tamu

bagno
kamar ibak

cucina
dapur

camera da letto
pangkéng

stanza dei bambini
kamar budak

sala da pranzo
kamar makan

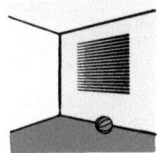
pavimento
téhel

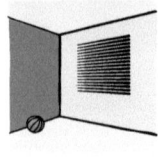
parete
tembok

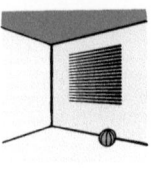
coperta
hateup

cantina
gudang di handap imah

sauna
sauna

balcone
balkon

terrazza
tepas

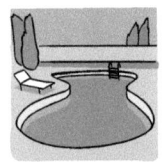
piscina
kolam renang

tosaerba
mesin pamotong jukut

lenzuola
sepré

coperta
simbut

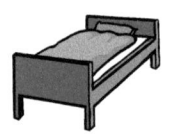
letto
ranjang

scopa
sapu

cestino
émbér

interruttore
tombol

casa - imah

soggiorno
rohang tamu

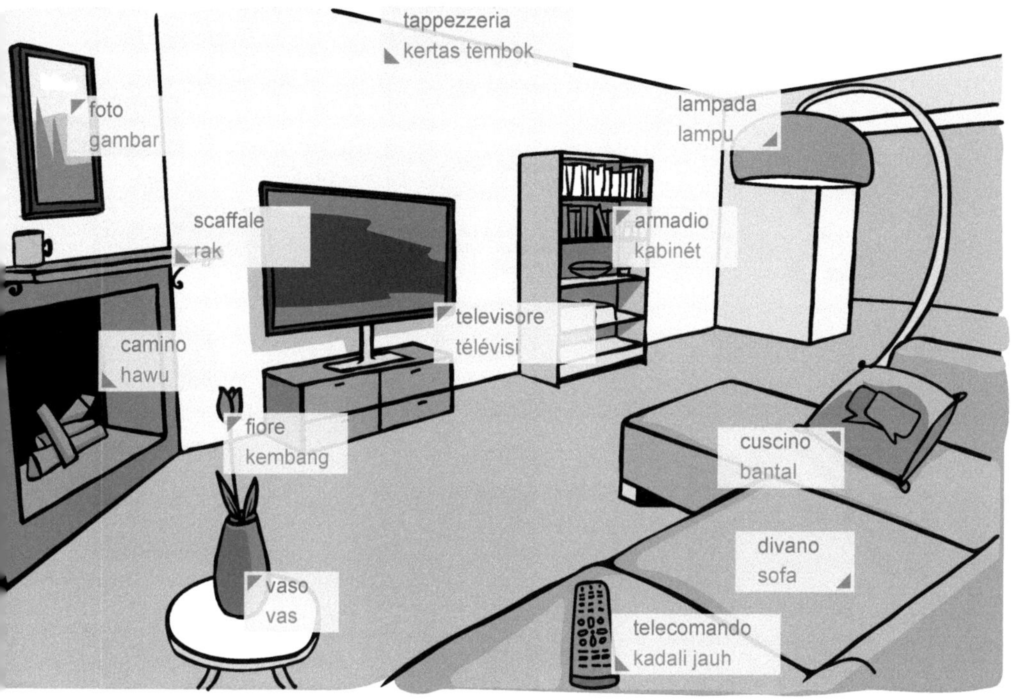

- tappezzeria / kertas tembok
- foto / gambar
- lampada / lampu
- scaffale / rak
- armadio / kabinét
- camino / hawu
- televisore / télévisi
- fiore / kembang
- cuscino / bantal
- divano / sofa
- vaso / vas
- telecomando / kadali jauh

tappeto
karpét

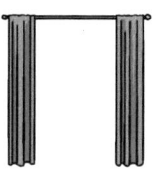

tenda
hordéng

tavolo
meja

sedia
korsi

sedia a dondolo
korsi goyang

poltrona
korsi malas

libro
buku

coperta
simbut

decorazione
dékorasi

legna da ardere
suluh

film
pilem

impianto stereo
hi-fi

chiavi
konci

quotidiano
surat kabar

dipinto
lukisan

poster
poster

radio
radio

taccuino
buku tulis

aspirapolvere
panyedot kebul

cactus
kaktus

candela
lilin

soggiorno - rohang tamu

cucina
dapur

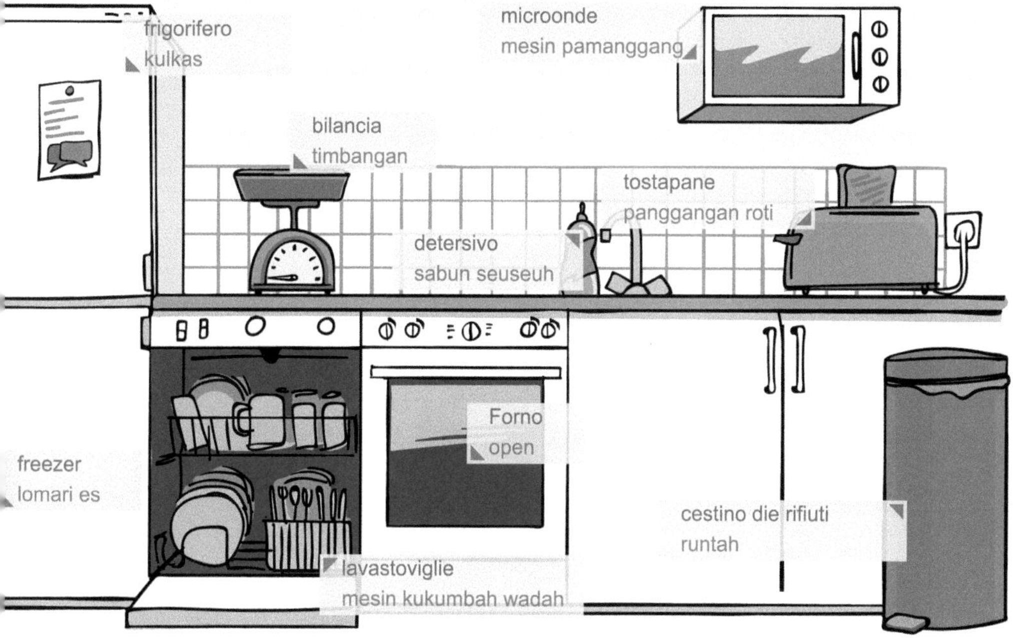

frigorifero
kulkas

microonde
mesin pamanggang

bilancia
timbangan

tostapane
panggangan roti

detersivo
sabun seuseuh

Forno
open

freezer
lomari es

cestino die rifiuti
runtah

lavastoviglie
mesin kukumbah wadah

fornello

kompor

pentola

panci

padella di ferro

panci beusi

wok / kadai

katél

padella di ferro

panci

bollitore per l'acqua

citél

Forno a vapore
langseng

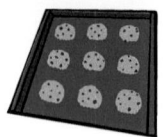

teglia
baki

stoviglie
piring

tazza
cangkir

buccia
mangkok

bacchette
sumpit

mestolo
sendok sop

paletta da cucina
sérok

frusta
pangocok

scolapasta
ayakan

setaccio
saringan

grattuggia formaggio
parutan

mortaio
mortar

barbecue
daging bakar

focolare
suluh

cucina - dapur

tagliere
papan pamotong

mattarello
gilingan

cavatappi
alat pambuka tutup botol

lattina
kaléng

apriscatole
pambuka kaléng

presina
gagang panci

lavandino
tilelep

spazzola
sikat

spugna
busa

frullatore
blénder

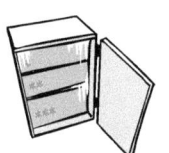
congelatore
lomari es

biberon
botol orok

rubinetto
keran

cucina - dapur

bagno
kamar ibak

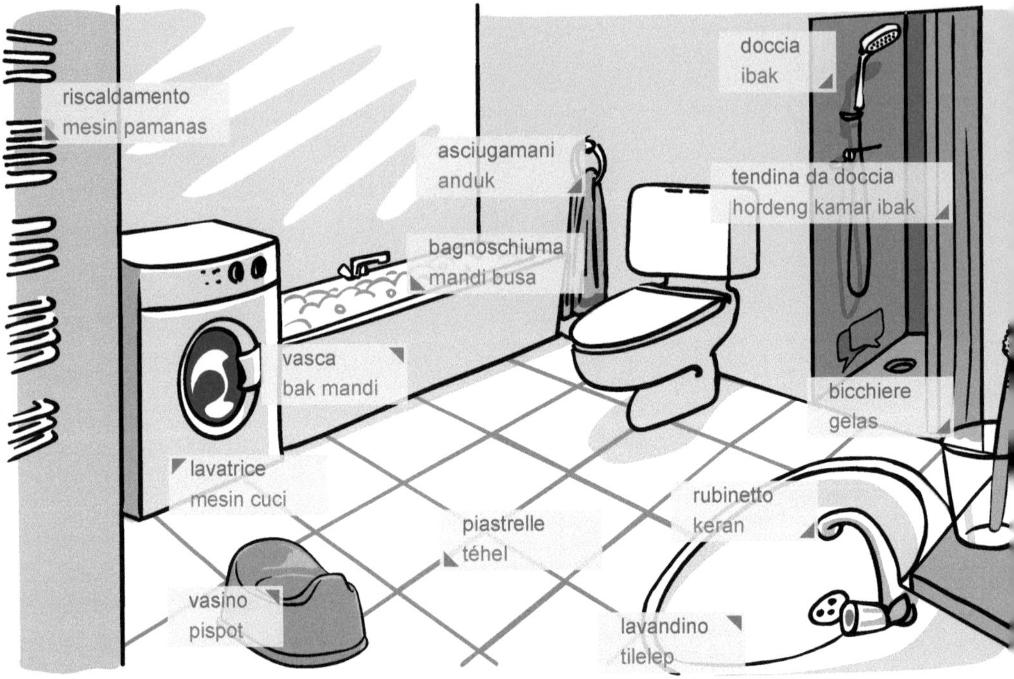

riscaldamento
mesin pamanas

doccia
ibak

asciugamani
anduk

tendina da doccia
hordeng kamar ibak

bagnoschiuma
mandi busa

vasca
bak mandi

bicchiere
gelas

lavatrice
mesin cuci

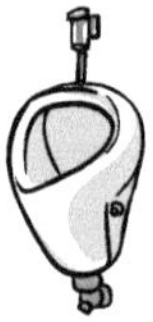

rubinetto
keran

piastrelle
téhel

vasino
pispot

lavandino
tilelep

toilette	urinatoio turco	bidet
jamban	cubluk	bidét
urinatoio	carta igienica	spazzola da water
urinal	kertas jamban	sikat jamban

38   bagno - kamar ibak

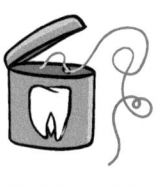

spazzolino da denti — dentifricio — filo interdentale
sikat huntu — odol — benang gigi

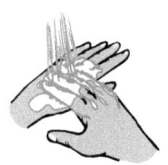
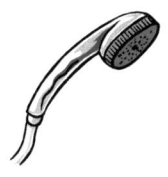

lavare — doccetta — doccia intima
nyeuseuh — kokocoran leungeun — kukucuran

bacinella — spazzola da bagno — sapone
bak — panyikat tonggong — sabun

gel da doccia — shampoo — manopola
gel ibak — sampo — planél

scarico — crema — deodorante
nguras — krim — déodoran

bagno - kamar ibak

specchio
eunteung

specchio
eunteung leungeun

rasoio
péso cukur

schiuma da barba
busa cukur

dopobarba
krim cukur

pettine
sisir

spazzola
sikat

fon
alat panggaring rambut

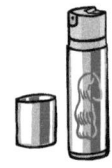
lacca
semprotan rambut

make up
pangrias beungeut

rossetto
lipstik

smalto
cét kuku

ovatta
kapas

forbice per unghie
gunting kuku

profumo
minyak seungit

bagno - kamar ibak

borsetta da bagno
kantong seuseuh

sgabello
bangku

bilancia
timbangan

accappatoio
baju mandi

guanti
sarung tangan karét

assorbente
sampon

assorbenti
handuk pembalut

bagno chimico
jamban kimia

stanza dei bambini
kamar budak

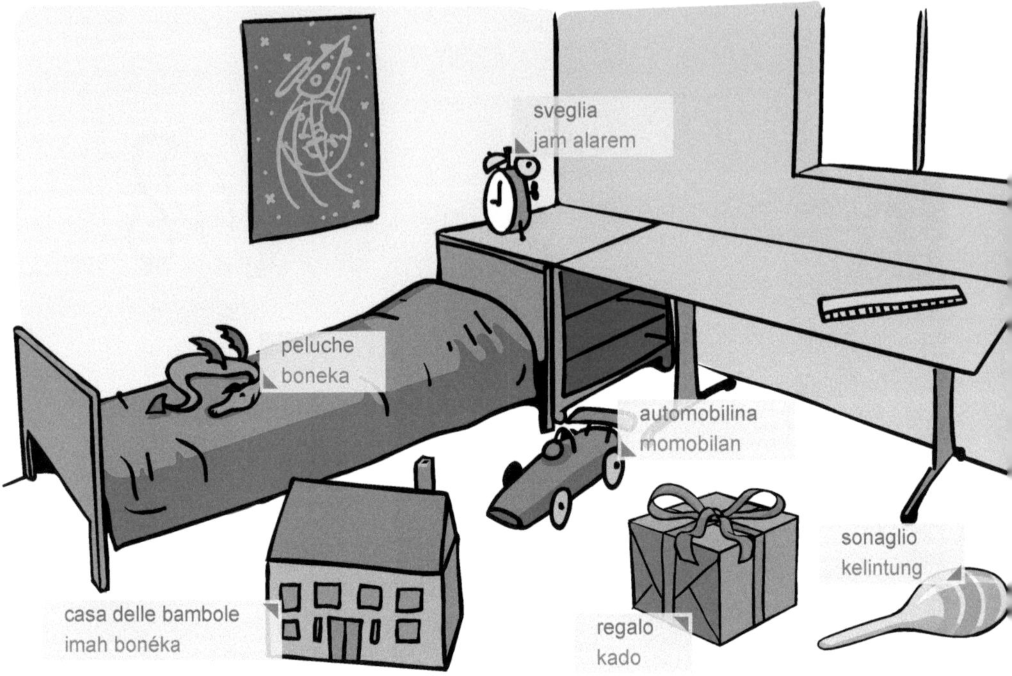

sveglia / jam alarem
peluche / boneka
automobilina / momobilan
casa delle bambole / imah bonéka
regalo / kado
sonaglio / kelintung

palloncino
balon

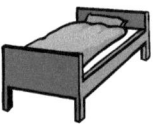

letto
ranjang

passeggino
karéta orok

mazzo di carte
kartu

puzzle
tatarucingan

comic
komik

lego
kaulinan lego

mattoncini
kaulinan bentuk blok

action figure
figur tokoh

tutina
baju budak

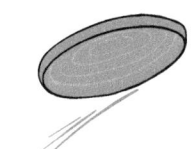
frisbee
frisbee

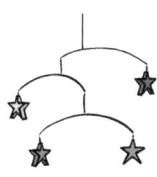
giostrina
mobile

gioco da tavolo
papan gim

dadi
dadu

trenino
set model kareta api

ciuccio
endot

festa
pihak

libro illustrato
buku gambar

palla
bal

bambola
bonéka

giocare
ulin

stanza dei bambini - kamar budak

sabbiera
wadah pasir maénan

altalena
ayunan

giocattolo
kaulinan

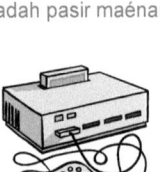

console
video gim konsol

triciclo
sapedah roda tilu

orsetto
bonéka beruang

guardaroba
lomari baju

vestiti
acuk

calzini
kaos kaki

calze
kaos kaki

collant
baju ketat

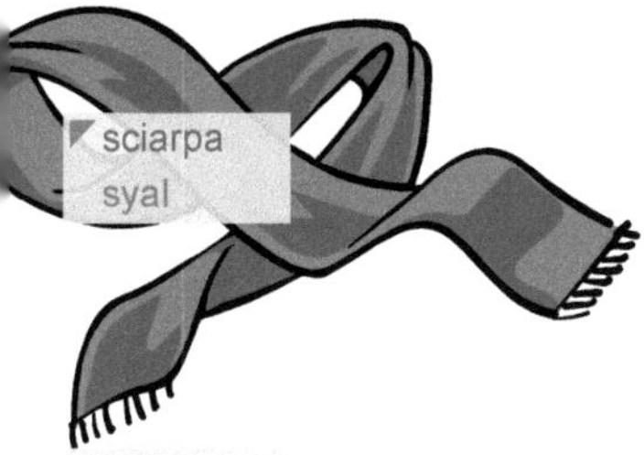

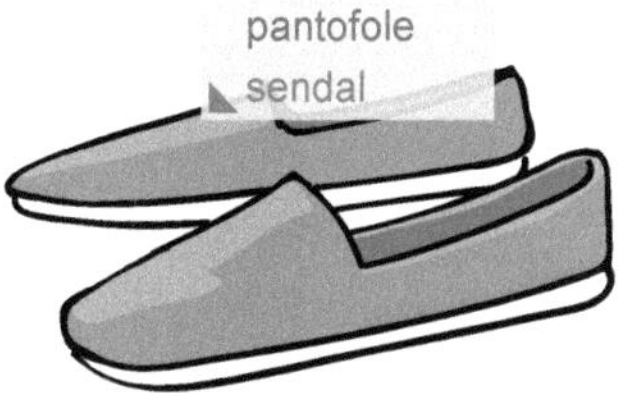

sciarpa
syal

ombrello
payung

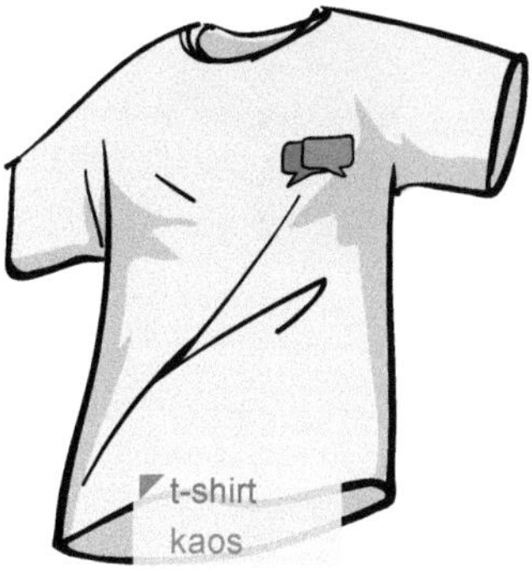

t-shirt
kaos

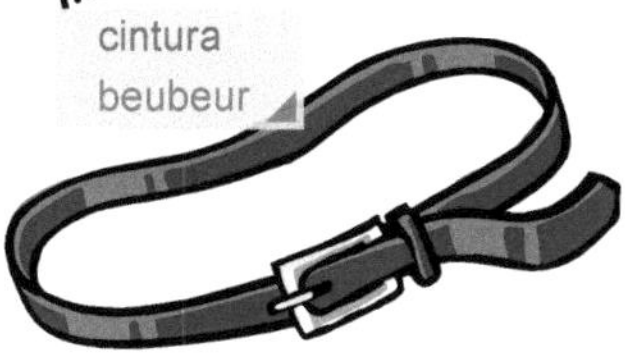

cintura
beubeur

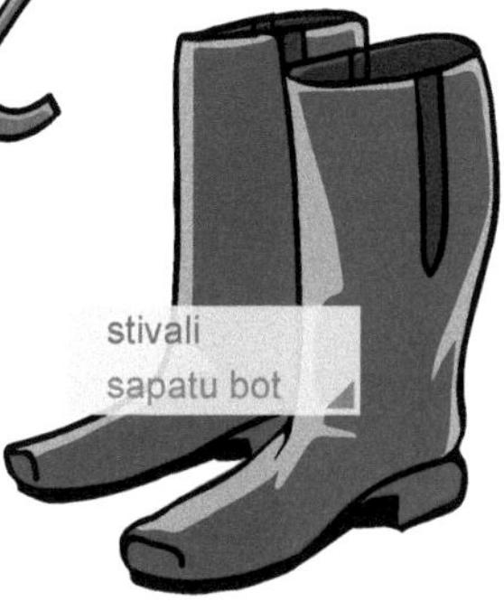

stivali
sapatu bot

pantofole
sendal

sneakers
sapatu

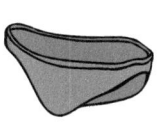

sandali
sendal

scarpe
sapatu

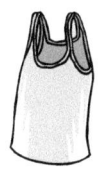

stivali di gomma
sapatu bot karét

mutande
cangcut

reggiseno
kutang

canottiera
baju rompi

vestiti - acuk

body
awak

pantaloni
calana

jeans
jins

gonna
rok

camicetta
blus

camicia
kaméja

pullover
jakét tiung

felpa
baju haneut

giacca
jakét

giacca
jakét

cappotto
jakét

impermeabile
jas hujan

tailleur
kostum

abito
gaun

abito da sposa
gaun pangantén

abito (da uomo)
baju resmi

camicia da notte
baju saré

pigiama
piyama

sari
sari

foulard
tiung

turbante
turban

burka
burka

kaftano
kaftan

abaya
abaya

costume da bagno
baju renang

costume da bagno (maschile)
calana renang

pantaloncini
calana péndék

tuta da ginnastica
orang raga

grembiule
celemék

guanti
sarung tangan

vestiti - acuk 47

bottone
kancing

occhiali
kaca soca

braccialetto
gelang

collana
kongkorong

anello
ali

orecchino
giwang

berretto
topi

appendiabiti
gantungan jakét

cappello
topi

cravatta
dasi

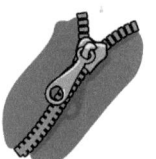

zip
risléting

casco
hélem

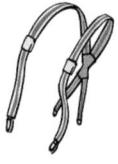

bretelle
tali salémpang

uniforme
saragam sakola

uniforme
saragam

vestiti - acuk

bavaglino
apron orok

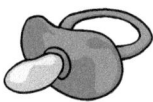
ciuccio
endot

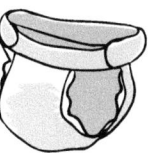
pannolini
popok

uffico
kantor

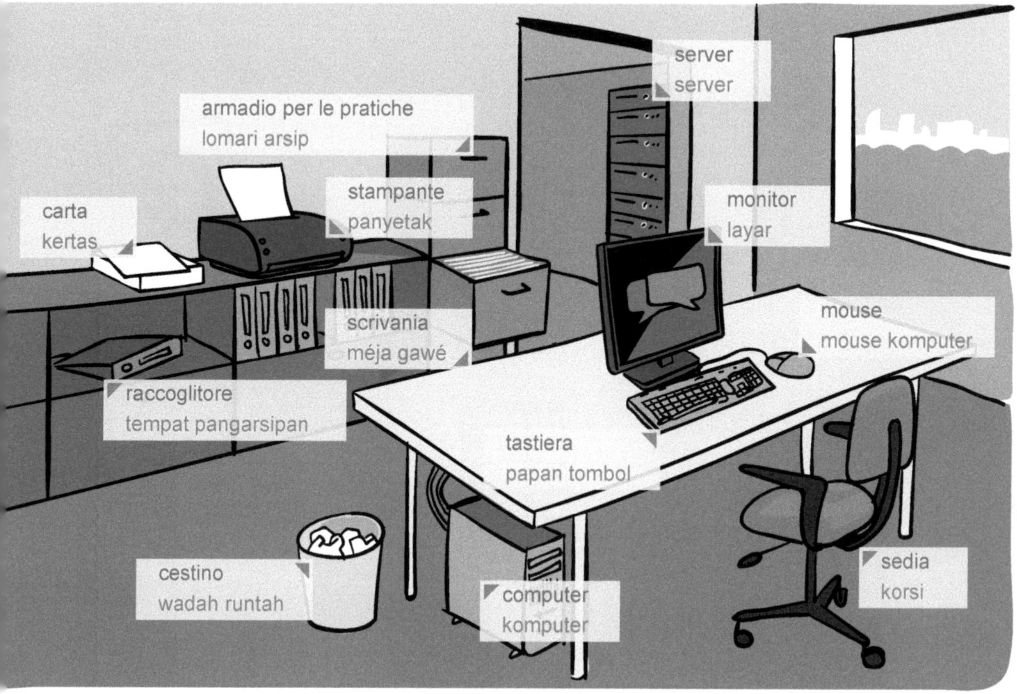

- server / server
- armadio per le pratiche / lomari arsip
- stampante / panyetak
- monitor / layar
- carta / kertas
- scrivania / méja gawé
- mouse / mouse komputer
- raccoglitore / tempat pangarsipan
- tastiera / papan tombol
- cestino / wadah runtah
- computer / komputer
- sedia / korsi

tazza da caffè
cangkir kopi

calcolatrice
kalkulator

internet
internét

uffico - kantor

portatile
laptop

lettera
surat

messaggio
pesen

cellulare
telpon sélulér

rete
jaringan

fotocopiatrice
fotokopi

software
software

telefono
telpon

spina
plug sokét

fax
mesin fax

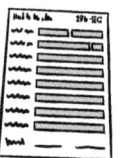
modulo
formulir

documento
dokumén

economia
ékonomi

comprare
mésér

pagare
mayar

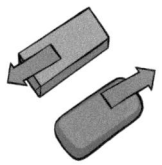
commerciare
dagang

soldi
artos

dollaro
dollar

euro
euro

yen
yen

rublo
rubel

franco svizzero
Franc swiss

renminbi yuan
renminbi yuan

rupia
rupiah

bancomat
ATM

economia - ékonomi

uffico di cambio

kantor pertukaran mata uang

oro

emas

argento

pérak

petrolio

minyak

energia

énérgi

prezzo

harga

contratto

kontrak

tassa

pajak

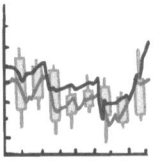

azioni

saham

lavorare

gawé

impiegato

karyawan

datore di lavoro

dunungan

fabbrica

pabril

negozio

toko

professioni
pagawéan

poliziotto
petugas pulisi

vigile del fuoco
pemadam kebakaran

cuoco
koki

medico
dokter

pilota
pilot

giardiniere
tukan kebon

falegname
tukang kai

sarta
tukang jait awéwé

giudice
hakim

chimico
ahli kimia

attore
aktor

autista dell'autobus
sopir beus

tassista
sopir taksi

pescatore
nalayan

donna delle pulizie
pembantu

copritetto
tukang hateup

cameriere
badega

cacciatore
tukang muru

pittore
pelukis

fornaio
tukang roti

elettricista
tukang listrik

operaio edile
tukang bangun

ingegnere
insinyur

macellaio
tukang daging

idraulico
tukang pipa

postino
tukang pos

professioni - pagawéan

soldato tentara	architetto arsiték	cassiere kasir

fioraio tukang kembang	parrucchiere tukang salon	controllore konduktor

meccanico tukang méngkél	capitano kaptén	dentista dokter gigi

scienziato ilmuwan	rabbino rabbi	imam imam

monaco biarawan	clerico pendéta	

professioni - pagawéan

attrezzi
alat

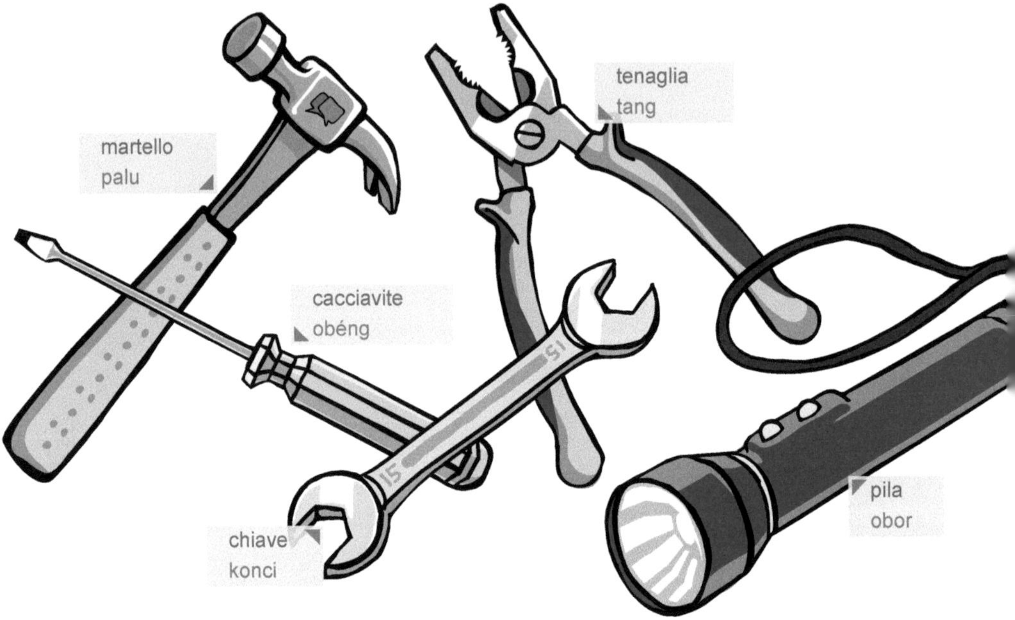

martello
palu

tenaglia
tang

cacciavite
obéng

chiave
konci

pila
obor

ruspa
panggali

cassetta degli attrezzi
kantong parkakas

scala
tangga

sega
ragaji

chiodi
paku

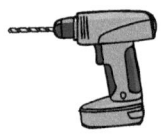

trapano
bor

riparare
ngabenerkeun

pala
sekop

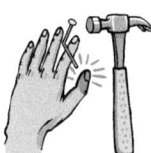
Dannazione!
Kéhéd!

paletta per l'immondizia
pengki

barattolo di colore
pot cét

viti
sekrup bor

strumenti musicali
alat musik

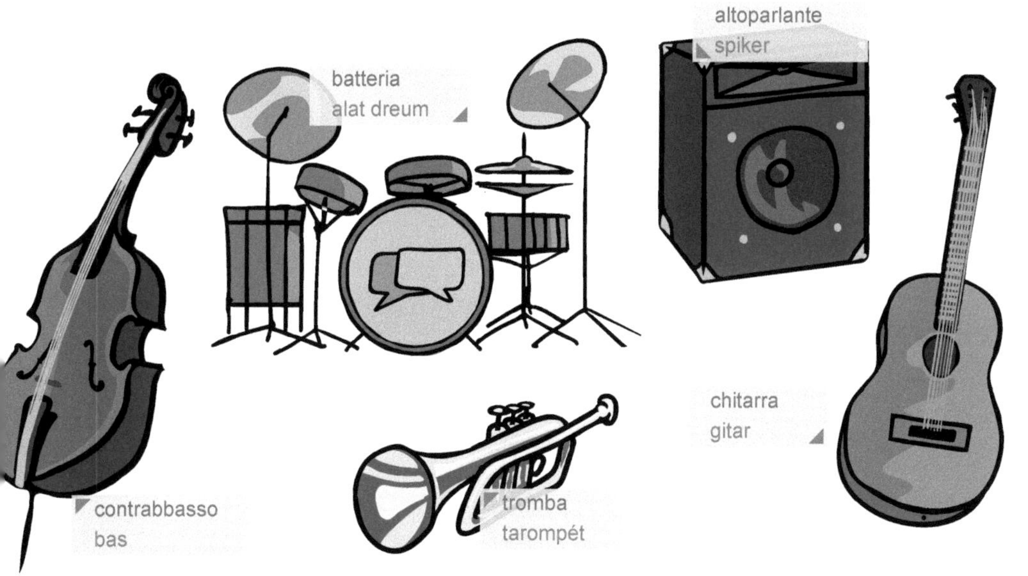

- batteria / alat dreum
- altoparlante / spiker
- chitarra / gitar
- contrabbasso / bas
- tromba / tarompét

pianoforte
piano

violino
violin

basso
bas

timpano
tambur

tamburo
dreum

tastiera
keyboard

sassofono
saksofon

flauto
suling

microfono
mikrofon

strumenti musicali - alat musik

zoo
kebon binatang

- tigre / maung
- gabbia / kandang
- zebra / sebra
- mangime / parab
- entrata / panto asup
- panda / panda

animali
sato

elefante
gajah

canguro
kanguru

rinoceronte
badak

gorilla
gorila

orso
biruang

cammello
onta

struzzo
manuk onta

leone
singa

scimmia
monyét

fenicottero
flamingo

pappagallo
manuk béo

orso polare
biruang polar

pinguino
penguin

squalo
hiu

pavone
merak

serpente
oray

coccodrillo
buaya

guardiano
tukang jaga kebon binatang

foca
anjing laut

giaguaro
jaguar

zoo - kebon binatang

pony
kuda poni

leopardo
macan tutul

ippopotamo
kuda nil

giraffa
jerapah

aquila
heulang

cinghiale
bagong

pesce
lauk

tartaruga
kuya

tricheco
anjing laut

volpe
robah

gazzella
kijang

zoo - kebon binatang

sport
olahraga

attività
aktivitas

- saltare / aganjleng
- ridere / seuri
- abbracciare / nangkeup
- camminare / leumpang
- cantare / nyanyi
- sognare / ngimpén
- pregare / ngadoa
- baciare / nyium

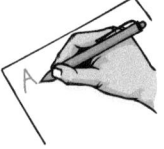
scrivre
nyerat / nulis

disegnare
ngalukis

mostrare
ningalikeun

spingere
ngadorong

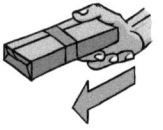
dare
méré

prendere
mawa

avere boga	fare ngalakukeun	essere nya éta

stare (in piedi) tatih	correre lumpat	tirare narik

gettare malédog	cadere ragrag	sdraiarsi saré

aspettare nungguan	portate nyandak	sedere diuk

vestirsi anggé acuk	dormire saré	svegliarsi hudang

guardare
ningali

piangere
méwék

accarezzare
ngusapan

pettinare
nyisir

parlare
nyarita

capire
ngarti

domandare
naros

ascoltare
ngadéngé

bere
nginum

mangiare
dahar

riordinare
bébérés

amare
bogoh

cucinare
masak

guidare
nyetir

volare
hiber

attività - aktivitas

veleggiare
balayar

calcolare
ngitung

leggere
maca

imparare
diajar

lavorare
gawé

sposare
kawin

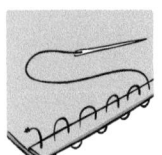

cucire
ngajait

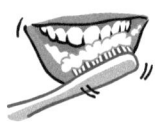

lavarsi i denti
sikat huntu

uccidere
maéhan

fumare
ngarokok

spedire
ngirim

attività - aktivitas

famiglia
kulawarga

nonna / nini
nonno / aki
padre / bapak
madre / emak
bebè / orok
figlia / budak awéwé
figlio / budak lalaki

ospite
tamu

zia
bibi

zio
emang

fratello
aa

sorella
tétéh

corpo
awak

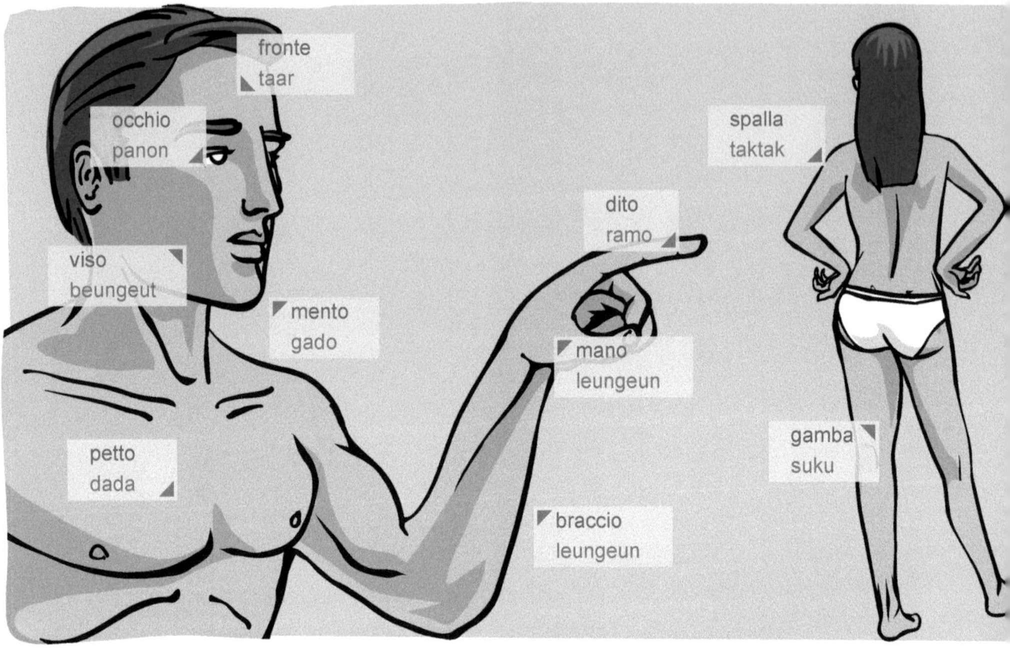

- fronte / taar
- occhio / panon
- viso / beungeut
- petto / dada
- mento / gado
- dito / ramo
- mano / leungeun
- braccio / leungeun
- spalla / taktak
- gamba / suku

bebè
orok

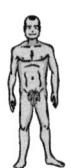

uomo
lalaki

signora
awéwé

ragazza
awéwé

ragazzo
lalaki

testa
sirah

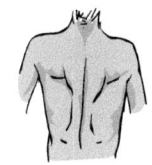
schiena
tonggong

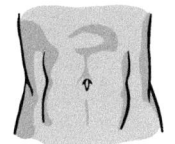
addome
beuteung

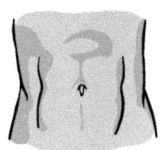
ombelico
bujal

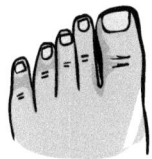
dito del piede
jempol

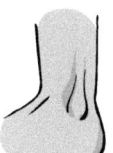
tallone
keuneung

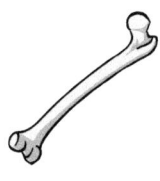
ossa
tulang

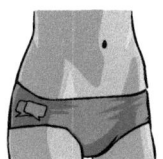
anca
cangkéng

ginocchio
tuur

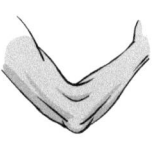
gomito
sikut

naso
irung

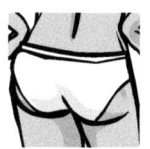
sedere
bujur

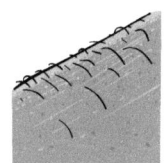
pelle
kulit

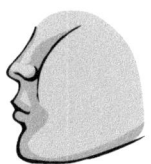
guancia
pipi

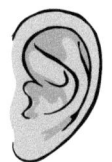
orecchio
ceuli

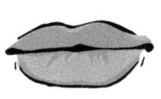
labbra
biwir

corpo - awak

bocca
baham

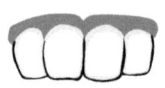

dente
huntu

lingua
létah

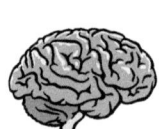

cervello
uteuk

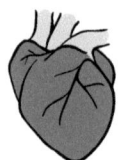

cuore
haté

muscolo
otot

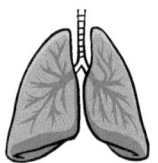

polmone
bayah

fegato
ati

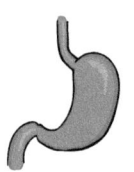

stomaco
lambung

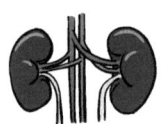

reni
ginjal

rapporto sessuale
sapatemon

preservativo
kondom

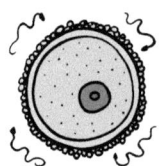

ovulo
sél telur

sperma
spérma

gravidanza
kakandungan

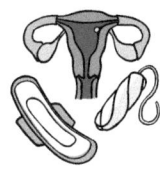

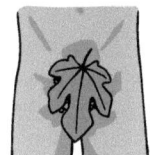

mestruazioni	vagina	pene
haid	heunceut	sirit

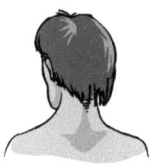

sopracciglio	capelli	collo
halis	buuk	beuheung

corpo - awak

ospedale
rumah sakit

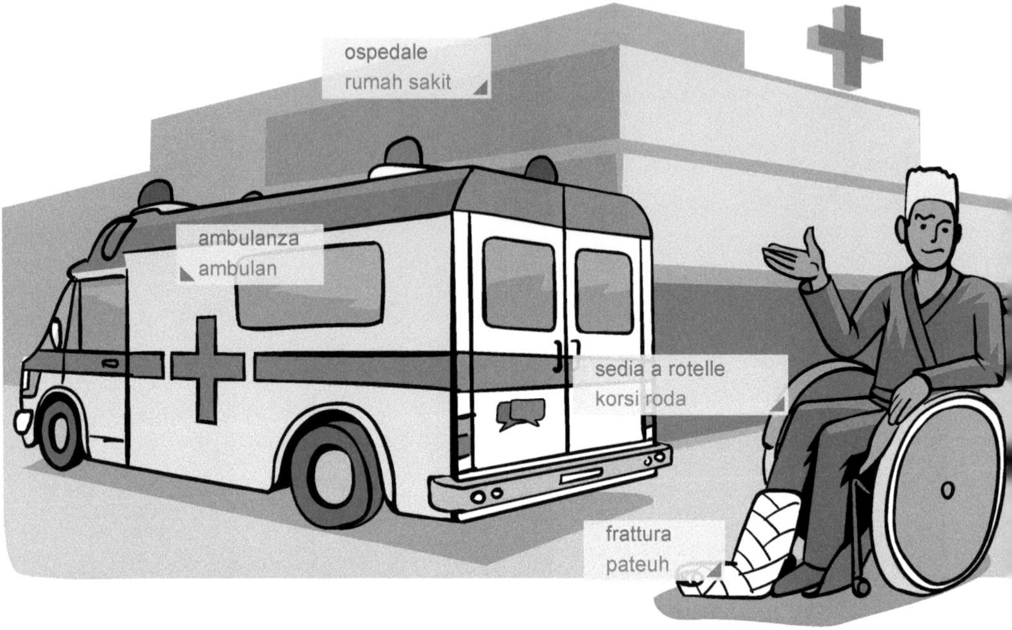

- ospedale / rumah sakit
- ambulanza / ambulan
- sedia a rotelle / korsi roda
- frattura / pateuh

medico
dokter

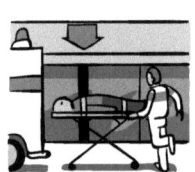
pronto soccorso
rohang darurat

infermiera
parawat

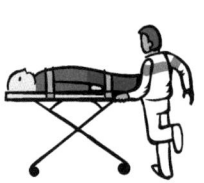
emergenza
darurat

svenuto
pingsan

dolore
nyeri

ferita
tatu

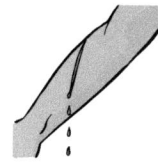
ferita
ngaluarkeun getih

infarto cardiaco
jantungan

ictus
strok

allergia
alérgi

tosse
batuk

febbre
muriang

influenza
salésma

diarrea
birit

mal di testa
rieut

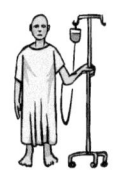
cancro
kanker

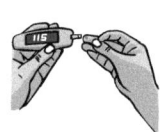
diabete
diabétés

chirurgo
ahli bedah

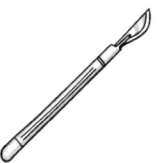
bisturi
péso bedah

operazione
operasi

ospedale - rumah sakit

tomografia
CT

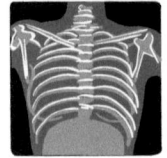
raggi x
sinar x

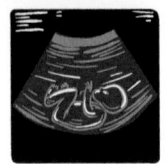
ecografia
usg

mascherina
topéng

malattia
panyakit

sala d'attesa
rohang tunggu

stampelle
pangrojong

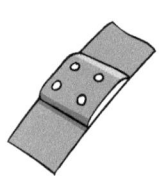
cerotto
paléstér

bendaggio
perban

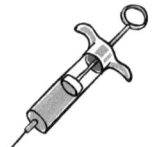
iniezione
injéksi

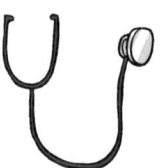
stetoscopio
stétoskop

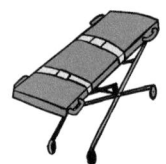
barella
tandu

termometro
termométer klinis

nascita
kalahiran

sovrappeso
obésitas

ospedale - rumah sakit

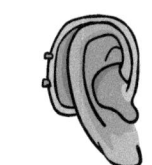		
apparecchio acustico	disinfettante	infezione
alat bantu dédéngéan	désinféktan	inféksi

virus	HIV / AIDS	medicina
virus	HIV / AIDS	obat
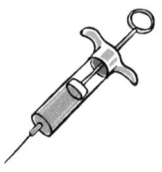	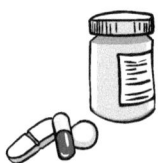	
vaccino	pastiglia	pillola
vaksinasi	tablét	pil

chiamata d'emegenza	misuratore di pressione	malato / sano
panggilan darurat	ngukur ténsi	gering / séhat

ospedale - rumah sakit

emergenza
darurat

Aiuto! — Tulung!

allarme — alarem

aggressione — gangguan

attacco — narajang

pericolo — bahaya

uscita d'emergenza — panto darurat

fuoco! — Seuneu!

estintore — alat pemadam kabakaran

incidente — kacilakaan

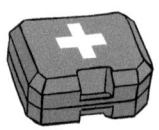

kit di primo soccorso — kotak P3K

SOS — SOS

polizia — pulisi

terra
Bumi

Europa
Eropa

Nord America
Amérika Utara

Sud America
Amérika Selatan

Africa
Afrika

Asia
Asia

Australia
Australi

Atlantico
Atlantik

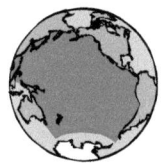
Pacifico
Pasifik

Ocenao indiano
Samudra Hindia

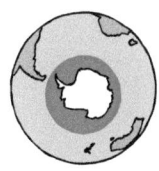
Oceano antartico
Samudra Antartika

Oceano artico
Samudra Arktik

Polo nord
Kutub Utara

Polo sud	Antartico	terra
Kutub Selatan	Antartika	Bumi

  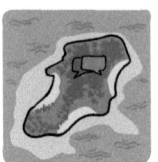

paese	Mare	isola
tanah	laut	pulau

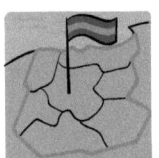 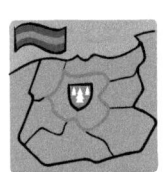

nazione	stato
bangsa	nagara

orologio
jam

quadrante
jam wajah

lancetta delle ore
jarum péndék

lancetta dei minuti
jarum menit

lancetta dei secondi
jarum detik

Che ore sono?
Tabuh sabaraha?

giorno
poé

tempo
waktos

ora
ayeuna

orologio digitale
jam digital

minuto
menit

ore
jam

settimana
minggu

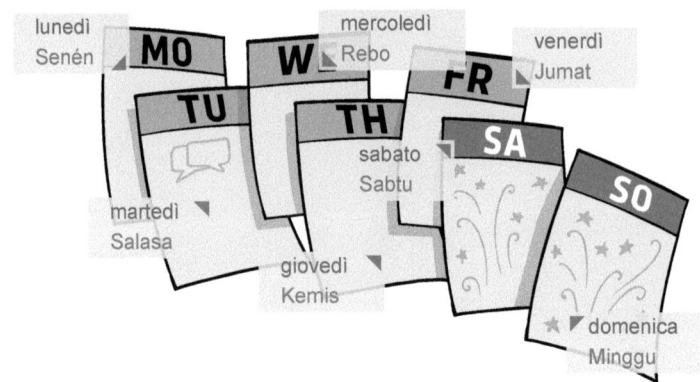

lunedì / Senén
martedì / Salasa
mercoledì / Rebo
giovedì / Kemis
venerdì / Jumat
sabato / Sabtu
domenica / Minggu

ieri
kamari

oggi
dinten ayeuna

domani
énjing

mattino
énjing-énjing / isuk-isuk

mezzogiorno
siang

sera
peuting

gioni feriali
poé gawé

fine settimana
akhir minggu

anno
taun

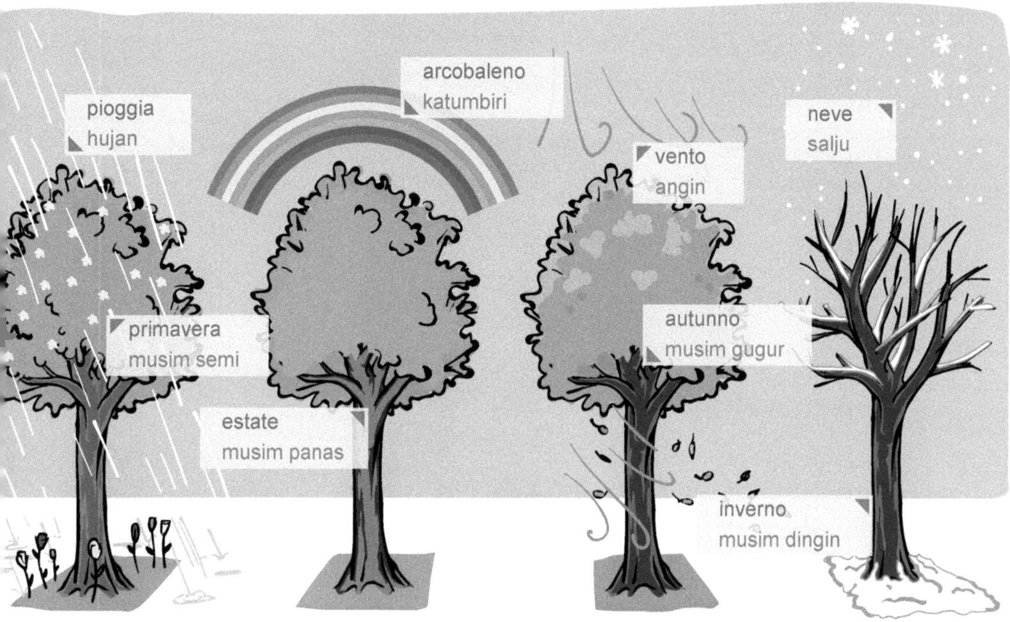

pioggia
hujan
arcobaleno
katumbiri
neve
salju
vento
angin
primavera
musim semi
autunno
musim gugur
estate
musim panas
inverno
musim dingin

4.APRIL 11°
5.APRIL 4°
6.APRIL 13°
7.APRIL 8°
8.APRIL 10°

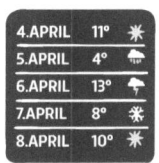

previsioni del tempo

ramalan cuaca

F C
120 40
90 30
60 20
30 10
0 0
-30 -10
-20

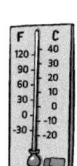

termometro

térmométer

raggio di sole

panon poé

nuvola

awan

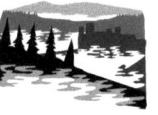

nebbia

pepedut

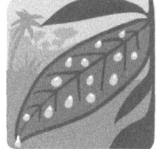

umidità

kelembaban

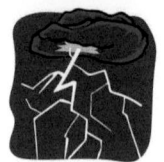

lampo
gelap

tuono
guntur

tempesta
badai

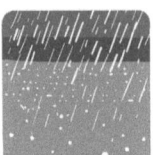

grandine
hujan és

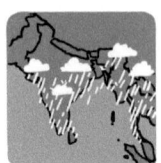

monsone
angin muson

marea
caah

ghiaccio
és

gennaio
Januari

febbraio
Pébruari

marzo
Maret

aprile
April

maggio
Mei

giugno
Juni

luglio
Juli

agosto
Agustus

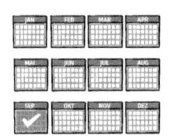
settembre
Séptémber

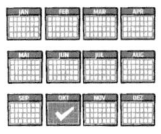
ottobre
Oktober

novembre
Nopémber

dicembre
Désémber

forme
bentuk

cerchio
buleudan

quadrato
persegi

rettangolo
persegi panjang

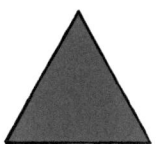
triangolo
segi tiga

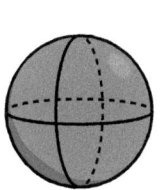
sfera
bola

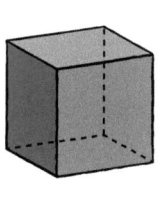
cubo
kubus

colori
warna-warna

bianco
bodas

giallo
konéng

orancione
oranyeu

fucsia
kayas

rosso
beureum

lilla
bungur

blu
bulao

verde
héjo

marrone
coklat

grigio
abu-abu

nero
hideung

contrari
sabalikna

molto / poco   arrabbiato / tranquillo   bello / brutto
loba / saeutik   ambek / kalem   geulis / goreng

inizio / fine   grande / piccolo   chiaro / scuro
ngamimitian / réngsé   gedé / leutik   caang / poék

fratello / sorella   pulito / sporco   completo / incompleto
ulur lalaki / dulur awéwé   bersih / kotor   lengkep / teu lengkep

giorno / notte   morto / vivo   largo / stretto
poé / peuting   paéh / hirup   lega / heureut

commestibile / immangiabile

bisa didahar / teu bisa didahar

cattivo / buono

jahat / bageur

eccitato / annoiato

sumanget / bosen

grasso / magro

badag / begang

primo / ultimo

kahiji / terakhir

amico / nemico

baturan / musuh

pieno / vuoto

pinuh / kosong

duro / morbido

heuras / lemes

pesante / leggero

beurat / hampang

fame / sete

kalaparan / haus

malato / sano

gering / séhat

illegale / legale

ilegal / legal

intelligente / stupido

calakan / bodo

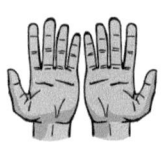

sinistra / destra

kénca / katuhu

vicino / lontano

deukeut / jauh

contrari - sabalikna

nuovo / usato
anyar / urut

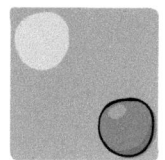
niente / qualcosa
euweuh nanaon / aya nanaon

vecchio / giovane
kolot / ngora

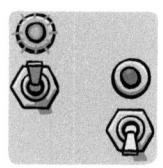
acceso / spento
hurung / pareum

aperto / chiuso
buka / tutup

silenzioso / rumoroso
jempé / gandéng

ricco / povero
beunghar / sangsara

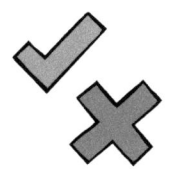
giusto / sbagliato
bener / salah

ruvido / liscio
kasar / lemes

triste / felice
sedih / gumbira

corto / lungo
pendék / panjang

lento / veloce
alon / gancang

bagnato / asciutto
baseuh / garing

caldo / fresco
haneut / tiis

guerra / pace
perang / damai

contrari - sabalikna

numeri
angka-angka

0
zero
nol

1
uno
hiji

2
due
dua

3
tre
tilu

4
quattro
opat

5
cinque
lima

6
sei
genep

7
sette
tujuh

8
otto
dalapan

9
nove
salapan

10
dieci
sapuluh

11
undici
sawelas

12

dodici
duawelas

13

tredici
tiluwelah

14

quattordici
opatwelas

15

quindici
limawelas

16

sedici
genepwelas

17

diciassette
tujuhwelas

18

diciotto
dalapanwelas

19

diciannove
salapanwelas

20

venti
duapuluh

100

cento
saratus

1.000

mille
sarébu

1.000.000

milione
sajuta

numeri - angka-angka

lingue
basa-basa

Inglese

Inggris

Inglese americano

basa Inggris Amerika

Cinese mandarino

basa Cina Mandarin

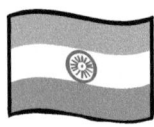

Hindi

basa Hindi

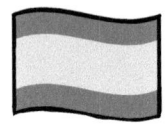

Spagnolo

basa Spanyol

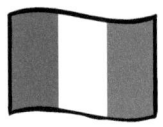

Francese

basa Perancis

Arabo

basa Arab

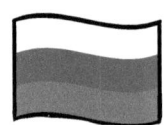

Russo

basa Rusia

Portoghese

basa Portugis

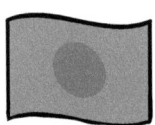

Bengalese

basa Bengal

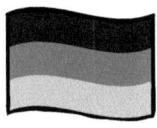

Tedesco

basa Jerman

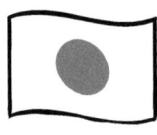

Giapponese

basa Jepang

chi / cosa / come
saha / naon / kumaha

io
urang

tu
manéh

lui /lei
anjeunna / manéhna

noi
arurang

voi
maranéh

loro
aranjeunna / maranéhna

chi?
saha?

cosa?
naon?

come?
kumaha?

dove?
di mana?

quando?
iraha?

nome
wasta / ngaran

dove
di mana

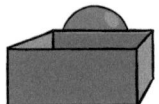
dietro
di tukang

in
di

davanti
di hareup

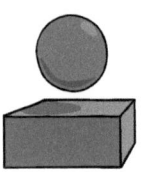
oltre
di luhureun

sopra
di luhur

sotto
di handapeun

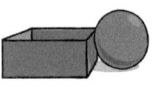
accanto
di gigir

fra
antawis

località
tempat